COUP-D'OEIL

SUR L'ÉTAT ACTUEL

DE LA GÉOGRAPHIE MATHÉMATIQUE

DE L'ESPAGNE ET DU PORTUGAL (*);

PAR Mr SUEUR-MERLIN,

Sous-chef de Division chargé de la Topographie et de la Statistique de l'administration des Douanes, Membre-fondateur de la Société de Géographie, chevalier de l'Ordre royal du Saint-Sépulcre de Jérusalem, et membre résidant de la Société royale Académique des Sciences.

DEPUIS la guerre de l'indépendance, qui eut lieu de 1807 à 1813, la nécessité de bonnes cartes d'Espagne et de Portugal ne s'était pas fait sentir aussi vivement qu'aujourd'hui, où tous les regards sont fixés de nouveau sur cette péninsule. Nous pensons donc qu'on accueillera avec quel-

---

(*) Cette Notice est insérée dans le 54e cahier du *Journal des Voyages, Découvertes et Navigations modernes*, ou *Archives géographiques du 19e siècle*; publié par M. VERNEUR, chef de Bureau à la Préfecture de la Seine. — Ce Journal paraît tous les mois. On souscrit à Paris, chez *Colnet*, libraire, quai Malaquai, N° 9. Prix, 30 f. par an pour Paris, et 33 f. pour les départemens, franc de port.

que intérêt la notice suivante dans laquelle nous nous proposons de faire connaître l'état actuel de la géographie mathématique des deux royaumes, les progrès qu'elle a faits, les ressources qu'elle peut offrir, le degré de confiance que méritent les ouvrages qui en traitent, enfin ce qui reste à entreprendre pour la mettre au niveau de celle des autres états de l'Europe. Nous espérons que ces renseignemens pourront être de quelque utilité aux géographes de profession, de même qu'aux personnes qui désirent former des collections de cartes d'Espagne, soit pour leurs études propres, soit uniquement pour pouvoir suivre les mouvemens de l'armée française dans ce pays.

En 1755, le gouvernement espagnol, voulant imiter la belle entreprise de la carte de France de Cassini, avait donné des ordres pour le levé d'une carte générale du royaume d'Espagne, sous la direction de l'académie de Madrid; mais ils n'eurent aucune suite, et malgré l'établissement, en 1801, d'un corps d'ingénieurs qui devait s'occuper exclusivement de géodésie et de travaux analogues, la chorographie et la topographie, qui seules peuvent donner de bonnes cartes générales, sont encore à naître pour l'antique Ibérie (1).

(1) Le célèbre Danville avait dressé à Paris, en 1750, une carte de la province de Quito, qui n'était pas encore achevée, lorsque l'Espagne inquiète et peu jalouse de

Les Portugais, sous la direction de leur savant astronome François-Antoine *Ciera*, professeur à l'académie de marine, firent dans l'Estramadure, de 1793 à 1802, des opérations trigonométriques et géodésiques du premier ordre, dont l'objet était de mesurer un degré du méridien et d'établir une base pour dresser une carte topographique générale du royaume, qui ne laissât rien à désirer.

Ce savant professeur est le premier Portugais qui ait eu cette idée; il fut parfaitement secondé par son digne collaborateur le maréchal de camp de Caula, celui de tous les officiers du génie qui a le plus travaillé à cette grande triangulation. Le docteur Ciera mesura avec lui et à l'aide d'excellens cercles répétiteurs de Borda, tirés d'Angleterre et de France (1), une grande base de 14,976 brasses (1768 milles), dans la vaste plaine qui est située au sud du cap Mondego (2).

---

laisser dans le commerce, des cartes de son territoire et des pays sous sa domination, s'empressa d'en faire acheter les cuivres. Cet ouvrage disparut; et il n'en a été tiré, à ce que l'on croit, qu'un seul exemplaire qui se trouve dans la collection de l'auteur, au dépôt des relations extérieures. Ce fait peut aussi expliquer, en partie, la pénurie et la médiocrité du catalogue géographique de cette contrée.

(1) Un de ces cercles avait été construit par Lenoir; l'on s'en servit dans la mesure des angles, en portant l'exactitude jusqu'à une seconde.

(2) Il se servit pour cette opération de quatre règles de bois de Brésil, de 30 palmes de long chacune. Sur une des faces de ces règles de forme parallélipipède, il y avait

Cette base dont l'extrémité est jointe au village de Monte-Redondo et se termine au nord dans la chaîne de Buarcos, près le Mondego, fut d'abord mesurée du sud au nord par l'astronome Ciera, et une seconde fois en sens contraire par le général de Caula; la comparaison des deux calculs ne donna que huit palmes de différence. Tous les triangles rapportés à cette grande base, furent ensuite vérifiés au moyen d'une seconde base plus petite, mesurée dans la plaine de Montijo sur la rive gauche du Tage; cette dernière opération a donné pour résultat 4,785 brasses (565 milles).

Ces travaux qui font honneur à la patrie des Gama, des Albuquerque, des Castro et des Pachéo, ont été encouragés par le monarque (1), qui y affecta des sommes considérables, et en

---

quatre points mobiles dans les deux sens pour les aligner et pour corriger les effets de la température qui, comparés chaque jour avec ceux d'une règle de fer battu, ne présentaient aucune variation sensible. Ce fait prouve combien l'on prit de précaution et de soin dans l'exécution de cet important travail.

(1) L'académie de géographie fut instituée en 1799, dans le but de répandre les connaissances géographiques en Portugal et de faire la description du royaume; elle n'existe plus depuis 1807. Le comte de Linharès, ministre de la marine et des finances, ardent protecteur de la géographie et des sciences, avait projeté, à l'instar de la France, l'organisation d'un corps de cosmographes provinciaux, qui devait s'occuper de la description topographique et statistique des provinces et du cadastre. Ce projet utile n'eut qu'un commencement d'exécution.

ordonna la continuation : c'est ainsi que l'on obtint la triangulation d'une grande partie de ce royaume (1). Les événemens politiques du commencement du 19e siècle, interrompirent des travaux aussi importans ; il en est toutefois résulté, en 1803, *une carte des principaux triangles des opérations géodésiques du Portugal, publiée par ordre de S. A. R. le Prince Régent* (2).

D'autres savans nationaux et officiers ajoutèrent à ce grand travail plusieurs triangulations partielles, quelques cartes de provinces et même quelques portions de terrain levées avec soin. On cite parmi les cartes ; 1° celle d'une partie de l'Estramadure, levée, en 1808, par le colonel du génie J.-M. *Neves-Costa*, conjointement avec le général de Caula ; 2° la carte topographique des deux provinces du Minho et du Tras-os-Montes, par J.-F. *Guimarens*, ex-ingénieur ; 3° la carte de plusieurs parties de la Beira, par A. *Abano*, ex-employé à l'état-major du lord Wellington ; 4° la carte militaire de la province de Lalem-Tejo, par P.-C. *Soares*, colonel du génie ; 5° la carte topographique du Pinhal de Leiria, par I.-P. *Pe-*

---

(1) Les officiers du génie qui s'y sont le plus distingués après le général de Caula, sont *Soares*, *Falque* et *Niemayer*, ingénieur allemand, brigadier et inspecteur du génie au corps royal portugais.

(2) Cette carte a aussi été gravée et publiée à Londres.

reira, brigadier du génie; 6° celle de la côte depuis l'embouchure du Doura jusqu'à celle de la Vouga, par M. de *Souza-Ramos*; 7° enfin, la carte de la province du Tras-os-Montes, par J.-J. *de Freitas-Coelho*, etc. Malheureusement ces cartes, peu connues, sont jusqu'à présent restées manuscrites. Il serait à désirer que par un dernier effort on reprît les travaux de la carte générale du Portugal, et que l'on s'occupât des levés de détails qui doivent en remplir le canevas trigonométrique. Tous les travaux partiels qui seraient jugés dignes d'y figurer, viendraient alors se grouper ou plutôt se fondre dans ce tableau topographique, et par ce moyen l'on obtiendrait bientôt un ensemble satisfaisant. Nous hâtons de tous nos vœux cette époque, et nous nous estimerons heureux d'annoncer cette nouvelle conquête géographique; nous pourrons dire alors: le Portugal a fourni son contingent pour former *le grand atlas du monde*. (1)

(1) Les ingénieurs portugais ont exécuté, dans le Brésil et dans les colonies portugaises, des travaux topographiques qu'il n'est pas indifférent de faire connaître. Ces travaux, à la tête desquels nous devons placer la carte commencée du Brésil, sont: une carte topographique de l'île et port de Loanda, capitale du royaume d'Angola, et une autre donnant toute la côte d'Afrique entre le 5° et le 19° parallèle sud, par le maréchal de camp L.-C. *Cordeiro Pinheiro Futade*; la carte de la capitainerie de Senna, en Afrique, par le colonel du génie *Lacerda*, le

Thomas *Lopez*, commença de publier, en 1757, une carte, à grand point, sous le titre d'*Atlas géographique des provinces d'Espagne*, qui comprend la carte générale de la péninsule, toutes les cartes particulières des provinces et celles du royaume du Portugal. Elle fut achevée en 1798, et se compose de 102 feuilles, petit *in-folio*, qui ne peuvent s'assembler étant sur des échelles différentes. Non-seulement on lui reproche de ne reposer sur aucune triangulation; d'avoir été dressée sur des matériaux équivoques (1); de ne donner malgré son grand nombre de feuilles, que de la géogra-

---

même qui a commandé le détachement portugais qui traversa l'Afrique méridionale d'une côte à l'autre; la carte d'Angola, par *Osorio*; celle de la capitainerie de Rio Janeiro (suspendue en 1817), par les colonels du génie *F. Soarel de Andrea* et *H.-L. de Brito* et le major *A. Elixario de Brito*; la carte topographique de la capitainerie de Rio Janeiro, levée en 1810, par *J.-D. Cony*, colonel du génie; une autre carte de la même capitainerie, levée en 1819, par les majors du génie *Barreto* et *Brito*; la carte topographique de la capitainerie de Seara, par le colonel du génie *Paullet*; la carte de la capitainerie de Bahia, par le colonel du génie *Salvador*; celle de la capitainerie de Matto-Grosso, levée pendant 18 ans par le lieutenant-colonel du génie *Cabral*, à travers les forêts de cette immense capitainerie; enfin la carte topographique des environs de Rio Janeiro, par *M. Raugel*, topographe.

(1) La plupart fournis par les gouverneurs des provinces, les évêques, les chapitres et les communautés religieuses. Ces documens hétérogènes expliquent la différence des échelles de la carte.

phie imparfaite, que des détails dont l'exactitude n'est pas même approximative; de présenter une expression absolument fausse et idéale de la partie physique sans chaînes continues, et des reliefs qui sont vaguement indiqués suivant l'ancienne méthode (1); mais encore d'être très-mal gravée sans uniformité ni ensemble, d'offrir des différences notables tant dans les signes conventionnels qui sont en grand nombre, que dans l'échelle et la gravure particulière de chaque carte de province. Malgré ses défauts, cette carte est la seule à grand point qui existe, et faute de mieux elle est encore consultée. C'est cependant cette même carte que M. Malte-Brun, dans son *Précis de la géographie universelle*, n'a pas craint de signaler comme ayant atteint *l'élégance et l'exactitude* de l'œuvre des Cassini (2). Nous devons penser que ce géographe littérateur ne s'était pas fait alors une

---

(1) Des montagnes en pain de sucre.

(2) *Précis*. Tome 1er (2e édition corrigée, 1812), page 525, ligne 23 et suivantes: « L'élégance et l'exactitude » qu'on vantait dans les cartes de Cassini, ont été atteintes » par les Russes, les Danois et les Espagnols. »

Cette citation porte également à faux pour la Russie. On sait qu'il n'existe sur cet empire que des cartes générales. (Voyez *Mémoire sur les travaux géographiques de la famille Cassini*, inséré dans le *Journal des Voyages*, tome 15e, cahier 46e, pages 187 et suivantes).

Elle n'est vraie tout au plus que pour la carte du Danemarck, dont on ne peut citer que l'exactitude et non l'élégance, étant médiocrement gravée.

idée très-précise du mérite relatif de ces deux cartes, car il se ne serait pas ainsi exposé au reproche d'avoir trop légèrement émis une opinion contraire à la saine critique ; nous relevons ici son erreur autant par amour de la vérité que par orgueil national.

Voici au surplus l'économie de cette carte : carte générale 4 feuilles ; Nouvelle - Castille 5 feuilles ; Vieille - Castille 18 ; royaume de Léon 26 ; de Galice 4 ; province de l'Estramadure 4 ; Andalousie 11 ; royaume de Murcie 1 ; couronne d'Aragon 14 ; Navarre 4 ; Basques 3 ; Portugal 8.

Immédiatement après Lopez, viennent dans l'ordre chronologique, les cartes de *Jaillot* 1716, en 4 feuilles, ayant pour titre : *l'Espagne, suivant l'étendue de tous les royaumes compris sous les couronnes de Castille, d'Aragon et de Portugal*, et celle de *Mentelle* en 9 feuilles, sous le titre de *carte d'Espagne et de Portugal*, publiée en 1799. Ces deux cartes sont mauvaises et inexactes, et cela est d'autant plus fâcheux à l'é-

---

Il a paru depuis deux ans environ, une carte tropographique des environs de Wilna, comparable pour le fini et la beauté de la gravure, à notre belle carte des Chasses, chef-d'œuvre et modèle de la topographie européenne : cet heureux essai de la Russie montre les progrès qu'a faits cette nation; mais, il faut en convenir, il y a loin encore d'une carte en une feuille comme celle de Wilna, à la grande carte géométrique du royaume de France.

gard de la dernière, qu'elle est fort bien gravée. Nous ne parlerons point de celle de *Zannoni*; on sait à quoi s'en tenir sur les travaux de ce géopraphe.

L'atlas d'Espagne, par *Gussefeld*, en 26 feuilles Jésus, publié à Nuremberg, en 1781, 1782, 1791, 1792, 1798, 1799, 1801, 1802 et 1812, est à grand point et de différentes échelles. C'est une réduction de celui de Lopez, dont il contient, outre la nomenclature entière, toutes les divisions et subdivisions. Cette carte, quoique plus mal gravée encore que celle de Lopez, la remplace néanmoins avec une sorte d'avantage, en raison du petit nombre de ses feuilles et de la médiocrité de son prix. Aussi beaucoup de militaires en font-ils choix de préférence à l'autre. Elle est composée ainsi qu'il suit : 1° Carte générale de l'Espagne et du Portugal; 2° Portugal nord; 3° Portugal sud; 4° Espagne suivant les divisions du clergé; 5° baie de Gibraltar; 6° Nouvelle Castille, partie orientale; 7° *Idem*, partie occidentale; 8° province de Burgos; 9° *idem* de Soria et île de Minorque; 10° provinces de Ségovie et d'Avila; 11° et 12° Léon, Valladolid, etc., 13° province de Salamanque; 14° *idem* de Grenade, de Cordoue et Jaen; 15° royaume de Galice; 16° *idem* de Séville; 17° *idem* de Murcie et île Majorque; 18° principauté des Asturies; 19° Estramadure;

20° royaume de Navarre; 21° provinces Basques; 22 royaumes d'Aragon; 23° *idem* de Valence; 24° principauté de la Catalogne; 25° îles Baléares; 26° île de Minorque.

La carte générale d'Espagne et de Portugal, dite d'*Artaria*, publiée à Vienne, en 6 feuilles grand colombier. Sa gravure est molle et confuse; sa facture à peine lisible. Cette carte est d'ailleurs une réduction de celles de Mentelle et de Lopez. Elle porte le millésime rafraîchi de 1808, quoiqu'elle soit antérieure à cette époque. Malgré cette petite supercherie, l'opinion en a fait justice et elle est, pour ainsi dire, abandonnée.

La carte de *Nantia*, publiée à Londres, par *Faden*, en 1810, est intitulée : *Nouvelle carte d'Espagne et de Portugal, présentant les chaînes de montagnes avec leurs défilés, les principales routes de voyage, avec les autres détails nécessaires pour l'intelligence des operations militaires.*

Cette carte en 4 feuilles grand aigle, à l'échelle de 20 lieues de 2282 toises ou 25 au degré, répondant à 4 pouces ¾, est assez bien gravée; on a imité pour les montagnes le système d'ensemble pittoresque. Elle a été construite d'aprés l'excellente carte de *Tofino* (1) pour les côtes et ha-

(1) Le grand et magnifique atlas des côtes d'Espagne,

vres d'Espagne et Portugal, et du Neptune français pour les côtes adjacentes de la France. Ces deux ouvrages étant le résultat d'observations astronomiques et hydrographiques, ont fourni les documens les plus satisfaisans. Pour la composition de l'intérieur, l'auteur a principalement consulté les cartes suivantes : Monts Pyrénées, par Roussel; les feuilles de Cassini pour ce qui regarde la France; royaume d'Arragon, par Danville, en 1719; provinces d'Espagne, etc., par Lopez; il a également puisé dans les itinéraires plus récens de Townsend, Bourgoing, Laborde, etc. Le Portugal a été dressé avec l'aide des cartes de Lopez, d'une carte générale des routes de Portugal et d'une nouvelle carte topographique du Tage peu connue. On a aussi consulté le guide des postes d'Espagne. Cette carte est estimée; néanmoins celle de Faden, plus moderne et à plus grand point, lui est préférée.

Il existe une carte fort intéressante en deux feuilles, publiée à Madrid, dans l'année 1811, qui

---

composé par le chef d'escadre Tofino, a été traduit et gravé en France, par les soins du dépôt général de la marine. En 1811, le major Franzini, du corps royal du génie portugais, a publié une carte la plus correcte et la plus circonstanciée qui ait encore paru sur les côtes du Portugal; c'est d'après cette carte que le dépôt général de la marine, à Paris, a publié, en 1816, la carte réduite de la côte du Portugal.

a pour titre : *Carte d'Espagne, construite d'après les documens authentiques et conformes aux dernières observations astronomiques.* Cette carte générale, à l'échelle de 2 pouces 6 lignes ½ au degré ou pour 25 lieues de France, et sur laquelle les chaînes principales sont simplement indiquées, contient une nomenclature assez complète et donne la position des villes, bourgs, villages, hameaux, forts, auberges, etc., ainsi que le tracé des routes. Elle est médiocrement gravée, et la lettre manque de netteté, surtout dans les liaisons qui sont mal faites. Cette carte, peu connue en France, est estimée et est jugée la meilleure dans son genre par les Espagnols eux-mêmes qui la préfèrent à celle de Lopez en 4 feuilles. Elle donne aussi en légende, les cotes d'élévation au-dessus du niveau de la mer, des principaux points du royaume. Mais elle est surtout remarquable par trois tableaux statistiques fort intéressans, gravés à la marge, contenant les résultats du recensement général, ordonné par le gouvernement espagnol en 1799 et achevé en 1803 (1).

---

(1) Le premier tableau donne la population de l'Espagne par provinces, leur superficie et leur richesse en productions naturelles et industrielles.

On y voit que la superficie de l'Espagne, y compris les îles de Majorque et de Minorque, est de 15,978 lieues carrées de 20 au degré, et que ses produits industriels et territorianx s'élèvent à 310,616,304 piastres fortes. Quant

Il existe des exemplaires de cette carte qui portent la même date de 1811, mais ne sont point

---

à la population qui y figure pour 10,331,120 habitans, nous renvoyons le lecteur à l'état détaillé qui en a été donné dans le *Journal des Voyages*, 20e cahier, t. 6, p. 377.

Le deuxième tableau contient le détail des productions naturelles de chaque province, et leur valeur en piastres fortes. Le total des grains y est porté pour 66,975,801 fanegas (*), sur lesquels on en compte environ 33,000,000 de blé, 11 de seigle; 16 d'orge et le reste de riz, avoine et millet; les provinces qui produisent le plus de blé, sont Navarre, Soria, Palencia, Toro, Zamora, Salamanque, Ségovie et Guadalaxara. Les légumes et graines sont évalués à 7,602,309 fanegas, et 12,017,441 arrobas (**); les fruits à 5,387,158 arrobas et 431,516 fanegas; avec les fruits sont comprises les herbes potagères dont les produits sont considérables dans les provinces de Valence, Grenade et Cuença. Le royaume de Galice produit, dans le seul article des navets, 6,000,000 arrobas, par an. Les liquides s'élèvent à 55,136,686 arrobas; on y comprend le vin et l'huile; la récolte du premier étant de 49,000,000 et celle du second de 6; le reste est de vinaigre et de cidre. Le cidre est particulier aux provinces septentrionales. Le vin se récolte en quantité considérable en Catalogne, Aragon, Navarre et Valence. En Galice, à Palencia, Ségovie, Valladolid, Tolède, Séville, Grenade, Cuença, et dans l'île de Mayorque, la récolte excède 1,000,000 d'arrobas. Mayorque, Séville et Cordoue produisent beaucoup d'huile, et Valence, Grenade et Tolède un peu moins.

On compte 17,318,619 têtes de bétail, dont 1,000,000 de bêtes à corne, 12,000,000 à laine, 140,000 chevaux, 214,000 mulets, 236,000 ânes, etc. L'Estramadure et l'Aragon sont les principales provinces pour les troupeaux à laine; les Asturies, Salamanque, l'Estramadure, Sé-

(*) Le fanegas équivaut à quatre boisseaux de l'ancienne mesure de Paris.

(**) L'arrobas (poids) pèse 25 livres du pays, ou 23 ½ de Paris. L'arrobas (mesure) contient environ 16 pintes ¾ de Paris.

accompagnés des trois états dont nous venons de parler. Ces derniers y sont remplacés par un ta-

---

govie, Cuença et la plus grande partie de l'Andalousie, pour les bêtes à corne. Cordoue a les meilleurs chevaux; il y en a aussi un nombre considérable en Grenade, à Valence et en Ségovie. L'Andalousie, Valence, Murcie, la Navarre, Cuença, Guadalaxara, Ségovie et Salamanque ont des mulets et presque toutes des ânes.

Les productions du règne végétal s'élèvent à 3,889,893 arrobas. Le lin et le chanvre, dont la récolte excède 1,200,000 arrobas, en sont l'article principal; ils se cultivent dans presque toutes les provinces, mais les plus abondantes en ce genre sont l'Aragon, Valence, la Catalogne, la Galice, Léon et Grenade. Le second article est le kali qui croit abondamment dans les provinces que baigne la mer à l'ouest et au midi, et dans celles de Tolède, de la Manche et d'Aragon, et qui s'élève à plus d'un million d'arrobas par an. Les provinces de Tolède, de la Manche, de Murcie, de Cuença et d'Aragon produisent 2,600 arrobas de safran; celle d'Iviça donne 4,000 arrobas de coton. Dans les productions du règne animal, qui s'élèvent en totalité à 2,255,930 arrobas, l'article des laines seul s'élève annuellement à plus de deux millions d'arrobas, et celui des soies à environ un million et demi de livres. Pour le premier article, on distingue les provinces d'Estramadure, Aragon, Soria, Salamanque, Burgos, Séville, Cuença et Ségovie; et dans celui des soies, Grenade, Valence, Murcie et l'Aragon.

Les articles du règne minéral, qui figurent dans cet état pour 729,469 arrobas, sont le fer dont on extrait jusqu'à 270,000 arrobas dans la seule province de Guipuscoa; le charbon de terre dont on tire 90,000 quintaux de la principauté des Asturies, et le sel minéral dont le royaume de Navarre fournit annuellement 12,000 arrobas.

La valeur totale des productions naturelles dont on vient de lire l'énoncé, est portée dans ce tableau, à 253,691,207 piastres fortes.

Quant aux productions, industrielles qui font l'objet du

bleau de la division territoriale de l'Espagne en 15 gouvernemens militaires, 38 préfectures, 111 sous-préfectures, etc., telle qu'on avait tenté de l'établir pendant l'occupation française.

En 1818, M. *Calmet-Beauvoisin*, ancien chef de bataillon au corps royal du génie, qui avait été employé à l'armée d'Espagne, ouvrit une souscription pour une nouvelle carte d'Espagne et du Portugal, qui devait former un atlas de 63 feuilles, non compris une carte d'assemblable et un *itinéraire* en deux volumes. La gravure en devait être confiée à MM. Malo, graveurs du dépôt de la guerre. Des prospectus furent répandus en très-grand nombre tant en France qu'en Espagne. Cet ingénieur y annonçait que « son travail devait être » le résultat de toutes les observations astronomi- » ques et des opérations géodésiques (1) commu-

---

troisième état, elles y sont sommées pour une valeur annuelle de 56,925,097 piastres.

Il résulte de la comparaison de ces deux derniers tableaux entre eux, que la valeur des produits industriels est à celle des produits naturels, dans le rapport de 1 à 4,45; que le nombre d'artisans et ouvriers employés dans les branches industrielles, et qui s'élève à 259,736, est au total des habitans du royaume, dans la proportion de 1 à 40 environ.

(1) A moins qu'on ne veuille parler ici d'opérations partielles et isolées, nous ne connaissons d'autres opérations géodésiques ou trigonométriques entreprises en Espagne, que celles qui eurent lieu pour la fameuse détermination du quart du méridien terrestre. Cet important travail,

» niquées par les divers membres des académies » tant espagnoles, portugaises que françaises, » ainsi que par MM. les maréchaux, généraux et » officiers d'état-major, de même que par un » travail assidu et pendant sept ans et demi, fait » par l'auteur en sa qualité de chef de la topogra- » phie de l'armée. » Malheureusement cette entreprise n'eut pas de succès, deux à trois feuilles seulement furent gravées, au 200 millième, échelle que l'auteur avait adoptée.

La carte de *Faden*, publiée à Londres, date de 1820; c'est une carte générale en 4 feuilles, grand-monde. Elle est estimée, bien gravée, et au moyen des chaînes continues de montagnes et de leurs connexions, elle donne autant que possible, l'idée de la configuration naturelle et physique des deux royaumes. Cette carte, dressée à l'échelle de 5 pouces ½ au degré, est une amplification de celle de Nantia, dont nous avons parlé, et une réduction et compilation de celles de Lopez, de Tofino, et des diverses autres cartes particulières ou itinéraires partiels et modernes. C'est encore aujourd'hui *la plus récente et la meilleure,* comparative-

---

commencé dans les années les plus désastreuses de la révolution (de 1792 à 1799) par nos célèbres astronomes Méchain et Delambre, de Dunkerque à Barcelone, dans une étendue d'environ dix degrés, fut ensuite prolongé jusqu'à l'île de Formentera, par MM. Biot et Arago, ce qui a donné en tout un arc de douze degrés un tiers.

ment à celles de Nantia, Gussefeld et Artaria, qui sont toutes autant de réductions de Lopez, plus ou moins corrigées et augmentées. Cette carte est entre les mains de la plupart des officiers - généraux, supérieurs, d'état-major de notre armée actuelle d'Espagne. Nous ne saurions trop en recommander l'usage.

La carte des routes de postes et itinéraires d'Espagne et de Portugal par M. *Charles Picquet*, géographe ordinaire du roi, à l'échelle d'un pouce 8 lignes au degré, ou pour 25 lieues communes de France, en une feuille colombier, a été dressée primitivement, en 1810, pour la guerre de cette époque, par M. l'ingénieur-géographe Lapie; mais en 1822, elle a reçu quelques améliorations sensibles, notamment en ce qui concerne les communications et les distances. Les routes y sont distinguées en *routes montées avec voitures, montées avec chevaux, de postes non montées, itinéraires et chemins.* Les villes capitales, petites villes, lieux ordinaires et les relais y sont désignés par des signes distincts. Quant à la circonscription des grandes divisions et des provinces, elle est également déterminée par des lignes ponctuées, des teintes plates, des lettres capitales et des numéros de renvoi. Les divisions des 51 nouvelles provinces décrétées par les Cortès, en janvier 1822, y sont également tracées d'après un carte authentique envoyée du dépôt hydrographique de Madrid.

Cette jolie carte, portative et nettement gravée, convient à la majeure partie des militaires, des voyageurs et des lecteurs qui n'ont besoin que des positions géographiques ou du tracé des routes, et pour lesquels les détails que comportent les cartes à grands points sont superflus.

Trois feuilles d'une nouvelle carte d'Espagne et de Portugal viennent de paraître à Paris, sous le titre suivant (1) : Cette carte, en langue espagnole, à l'échelle de $\frac{1}{750000}$ (1 pouce pour 10,000 toises), ou 5 pouces 4 lig. ½ au degré, doit être composée de 6 feuilles grand-aigle et d'une feuille supplémentaire de plans.

Nous ne pouvons en ce moment rendre compte de son ensemble, puisqu'elle n'est point achevée (2); elle sera en temps utile l'objet d'une ana-

---

(1) « *Mapa civil y militar de Espana y Portugal*, con la nueva division en distritos, enriquecido de los planos particulares de 34 cuidades y puertos principales, dedicado à las heroicas naciones Espanola y Portuguesa, por los editores *Dauty* y *Malo ;* compuesto de 6 pliegos y una hoja de suplemento que contiene los planos. Y construido sobre las observaciones astronomicas y nauticas mas nuevas sobre los mas autenticos mapas, y sobre los operaciones geodesicas hechas por los oficiales Espanoles, Franceses e Ingleses, durante la guerra de la independancia ; por don Alejo Donnet, ingeniero-geografo, empleado en el catastro real de Francia y de la sociedad de geographia de Paris. Grabado por los hermanos Malo, discipulos del real deposito de la guerra de Francia. »

(2) Cette carte est tellement faite à la hâte que les trois feuilles publiées, ne sont pas même entièrement termi-

lyse particulière dans laquelle nous aurons occasion de relever plusieurs inexactitudes et omissions qui déparent la carte de France en 24 feuilles, du même auteur, publiée à Paris, de 1817 à 1819.

Nous nous bornerons seulement à consigner ici quelques erreurs relatives à la circonscription des nouvelles provinces, dont nous nous sommes aperçus à la première comparaison que nous avons faite de ces feuilles avec la carte du dépôt hydrographique de Madrid, dont nous avons parlé plus haut, et où ces limites sont exactement tracées.

Carte authentique envoyée de Madrid.		*Carte de M. Donnet.*
Noms des Lieux.	Provinces.	Provinces où sont placés par erreur les mêmes lieux.
Rupit.	Barcelone.	Gerone.
Tosas.	*Idem.*	*Idem.* On a écrit Tosar au lieu de Tosas.
Palafolls.	*Idem.*	Gerone.
Mirapol, Sur la limite même.	*Idem.*	Lerida. A une distance d'environ une lieue et demie de la limite.
Soria.	Barcelone.	Lerida.
Ballestar.	Saragosse.	Huesca.
Castejon-de-Monégro.	Huesca.	Saragosse.
Lilla.	Taragone.	Lerida.
Cantaviega.	Castelleone de la Plana.	Teruel.
Miranbel.	*Idem.*	*Idem.* On a écrit Mi Crambel.
Almenara.	*Idem.*	Valence.
Malet.	*Idem.*	*Idem.*

nées quant à la partie matérielle; si l'eau forte est très-avancée, la pointe sèche n'est pas faite pour les montagnes, et les plans des places fortes ne sont qu'au trait.

Nous n'avons pas cru devoir pousser plus loin cet examen qui nous aurait probablement fait découvrir un plus grand nombre de fautes. Cette supposition ne paraîtra pas dénuée de fondement, si l'on veut faire attention aux sources où l'auteur a pu puiser pour la détermination de ces limites.

En effet, des erreurs de l'espèce de celles dont il s'agit, sembleraient indiquer qu'il s'est servi de la carte routière de M. Lapie (la seule qui existait en France avec cette division), dont l'échelle est d'environ un tiers plus petite que la sienne, et feraient craindre qu'en allant ainsi *du petit au grand* (1), et en dessinant par amplification et, pour ainsi dire, d'une manière graphique, sur sa carte les limites tracées sur la petite carte, il n'ait malheureusement mis en dehors ou en dedans des points appartenans à des provinces contigues.

Quant à la projection, nous avons remarqué qu'elle était, contre l'usage, construite d'après la

(1) La carte de M. Donnet étant à plus grand point, doit contenir nécessairement une nomenclature *non pas plus exacte*, mais plus complète que celle de la carte de M. Lapie; il a dû par conséquent, en se servant de cette dernière carte, être embarrassé sur les points déterminatifs des limites, qui n'y étaient pas indiqués. C'est alors que dans les intervalles que ceux-ci ont fréquemment laissés sur la sienne, il a été exposé à donner au hasard, en laissant en dehors les points qui devaient être en dedans, et *vice versâ*.

division centésimale du cercle, et nous ne savons que penser des motifs qui ont porté l'auteur à cette innovation qui fait discordance avec toutes les cartes tant anciennes que modernes, publiées dans les deux continens, et notamment avec celles qui existent sur l'Espagne et le Portugal. Nous nous sommes demandé pourquoi M. Donnet s'est livré gratuitement à tant de calculs pénibles pour transformer en grades et dans ses subdivisions, les observations astronomiques qui ont été constamment calculées suivant l'ancienne division sexagésimale (1). Nous sommes loin de croire qu'en agissant ainsi, il ait voulu se soustraire à la critique des personnes qui cultivent la science et qui ont coutume de se rendre compte par elles-mêmes des travaux de l'espèce, sans s'en rapporter aux articles des journaux. Rien cependant ne serait plus propre à les rebuter dans leur examen que la projection dont il s'agit.

Nous devons ajouter encore que, vérification faite sur sa carte de la position d'*Almeria*, dont la latitude et la longitude trigonométriques, rapportées au méridien de Paris, sont, d'après Antillon, de 36° 51′ 0″ et 4° 48′ 17″ (2), nous avons reconnu que sa latitude et sa longitude sont trop fortes, la

(1) Aucune table ne donne en grades, les observations astronomiques.

(2) Ces latitude et longitude donnent suivant la division centésimale :

Pour

première de 1′ 06″, la deuxième de 3′ 65″. Ces erreurs ne sont pas très-considérables, il est vrai; cependant elles sont assez sensibles pour être remarquées; elles pourraient même faire présumer qu'il en existe d'autres, puisque, parmi les points déterminés trigonométriquement, Almeria a été pris sans choix et à la première vue.

Enfin le Dépôt général de la guerre s'occupe en ce moment de la construction de deux cartes de l'Espagne et du Portugal, destinées spécialement à l'usage de l'armée: l'une itinéraire, à l'échelle de la carte anglaise de Faden, sera composée de 16 feuilles de 0^{m}, 45, sur 0^{m}, 34; l'autre, à plus grand point, sera une continuation de la carte de France dite de *Capitaine* (1), dressée à l'échelle de cette

---

Pour. . . . . { 36° 00′ 00″ = 40 g. 00′ 00″
51′ 00″ = 00 g. 94′ 44″ 44‴ 44/100.

Total de la latitude 36° 51′ 00″ = 40 g. 94′ 44″ 44‴ 44/100.

Suivant la carte de M. Donnet,
elle est de. . . . . 40 g. 95′ 50″. La différence en plus est
donc de. . . . . . 0 g. 01′ 06″.

Et pour. . . . . . { 4° 00′ 00″ = 4 g. 44′ 44″ 44‴.
48′ 00″ = 0 g. 88′ 88″ 88‴ 89/100.
17″ = 0 g. 00′ 52″ 46‴ 91/100.

Total de la longitude 4° 48′ 17″ = 5 g. 33′ 85″ 79‴ 80/100.

Suivant la carte elle est de. . . . . . . 5 g. 37′ 50″, et en négligeant les tierces, la différence est de. . . . . 0 g. 03′ 65″.

(1) Carte de la France, comprenant toutes les mairies, divisée en départemens, arrondissemens et cantons, dressée par *L. Capitaine*, revue et augmentée par Belleyme,

carte et composée de dix-huit demi-feuilles grand-aigle; mais celle-ci ne s'étendra que des Pyrénées jusqu'à Madrid.

Ces deux dernières cartes feront bien certainement faire des progrès à la géographie de la péninsule hispanique; les authentiques et précieux matériaux de tous genres que possède ce bel établissement qui fait honneur à la France et qui sert de modèle à toutes les nations, joints aux ressources que lui offre le corps savant des ingénieurs-géographes, doivent faire augurer favorablement du mérite de ces deux productions attendues avec impatience.

---

perfectionnée et agrandie jusqu'au-delà du Rhin et des Alpes, par le dépôt de la guerre, de 1816 à 1821, publiée en 1822; échelle de $\frac{1}{345600}$. La presque totalité de cette carte qui donne la France, a été [illegible]ent réduite de celle des Cassini, au quart de cette échelle.

IMPRIMERIE DE E. N. GŒTSCHY, RUE LOUIS-LE-GRAND, N° 27.

www.ingramcontent.com/pod-product-compliance
Ingram Content Group UK Ltd.
Pitfield, Milton Keynes, MK11 3LW, UK
UKHW032032260826
14628UKWH00006B/2910

9 782019 648121